PREUSSENS PRINZESSIN

Die wahre Lebensgeschichte der Königin Luise

erzählt von Magdalena und Gunnar Schupelius
mit Illustrationen von Beate Bittner

BERLIN STORY VERLAG

Luises Vater war der Herzog Karl von Mecklenburg-Strelitz. Luises Mutter, Prinzessin Friederike von Hessen-Darmstadt, war erst 16 Jahre alt, als sie Karl 1768 heiratete. Die Königin von England schenkte ihr zur Hochzeit kostbaren Schmuck. Friederike und Karl bekamen zusammen zehn Kinder, von denen fünf schon früh verstarben.

Die kleine Prinzessin

Es war einmal eine kleine Prinzessin, die war so engelschön und gütevoll, dass allen, die sie sahen, das Herz aufging.

Jetzt sagt ihr bestimmt: »Ach, die kenn ich! Das ist Dornröschen. Oder Schneewittchen. Oder Rapunzel.« Aber da liegt ihr falsch. Die Prinzessin, um die es hier gehen soll, die hieß weder Dornröschen, noch Schneewittchen und schon gar nicht Rapunzel. Diese Prinzessin nämlich war eine echte Prinzessin, keine Märchenprinzessin. Ihr Name war Luise Auguste Wilhelmine Amalie Prinzessin von Mecklenburg-Strelitz und sie lebte vor über 200 Jahren hier in Deutschland.

Trotzdem, wenn sie auch nicht Dornröschen war, dass sie »so engelschön und gütevoll war«, das ist nicht ausgedacht, das stimmt. Zumindest haben das viele, viele Menschen über sie gesagt.

Die kleine Prinzessin Luise wurde am 10. März 1776 in Hannover geboren. Zwar war Luise eine Prinzessin, aber ihr Vater war trotzdem kein König. Ihr Vater war der Erbprinz Karl von Mecklenburg-Strelitz und ihre Mutter war die Prinzessin Friederike von Hessen-Darmstadt.

Hannover, Mecklenburg-Strelitz, Hessen-Darmstadt – es scheint ziemlich kompliziert gewesen zu sein, damals in Luises Familie. Obendrein, als ob das nicht genügen würde, gehörte Hannover damals zu England! Luises Vater war der Gouverneur in Hannover. Dazu hatte ihn der König von England gemacht, mit dem er verwandt war. Ein Gouverneur, das ist so etwas wie ein Statthalter, einer der im Auftrag des Königs wichtige Entscheidungen für die Stadt trifft und darauf achtet, dass alle sich an die Gesetze halten. Und weil ihr Vater Gouverneur in Hannover war, deshalb wurde die kleine Prinzessin Luise in Hannover geboren.

Luise hatte es gut getroffen mit ihren Eltern. Im Unterschied zu den meisten anderen Prinzessinnen und Prinzen damals durfte

Die Malerin Elisabeth Vigée-Lebrun hat über Luise geschrieben: »Man muss die Königin von Preußen gesehen haben, um zu begreifen, dass ich bei ihrem Anblick wie bezaubert dastand.«

sie ein lustiges Leben führen. Kleine Prinzen und Prinzessinnen, die wurden damals eigentlich ganz besonders streng erzogen. Viele von ihnen mussten den ganzen Tag mit Hauslehrern lernen. Ihre Eltern sahen sie nur selten und Spielzeug hatten sie auch nicht. Ganz anders war es bei Luise: Sie spielte mit ihren Geschwistern stundenlang im Schloss und im Park. Luise hatte zwei ältere Schwestern: Charlotte, die »Lolo« genannt wurde und wunderschön singen konnte, und Therese, die besonders klug war. Später bekam sie noch eine jüngere Schwester Friederike und einen kleinen Bruder Georg.

Im Winter machte die Familie große Schlittenfahrten. Und jeden Sommer zogen die Eltern mit ihren Kinden um – in ein Landhaus mit großem Garten außerhalb der Stadt. Dort war es noch viel schöner als im Stadtschloss. Und wenn die Kinder gerade nicht im Garten spielten, dann dachten sie sich gerne kleine Theaterstücke aus. Schon mit drei Jahren übernahm Luise kleine Rollen.

Es ist offensichtlich, dass Luise keine arme Prinzessin war, die den ganzen Tag in kalten, dunklen Zimmern von einer strengen Lehrerin Vokabeln abgefragt wurde und sich nicht schmutzig machen durfte. Es war ein wirklich märchenhaft schönes Prinzessinnenleben, das sie führte, und es hätte ewig so weiter gehen können. Da aber starb Luises Mutter. Und das war für die Familie ein furchtbares Unglück. Der Vater war unendlich traurig, die Kinder waren todunglücklich und niemand wusste so recht, wie es ohne die Mutter weitergehen sollte.

Also heiratete der Vater schnell die Schwester seiner verstorbenen Frau, die Tante Charlotte. Und nun hatten die Prinzessinnen und der kleine Prinz Georg eine Stiefmutter!

Wäre Luise eine Märchenprinzessin, so wäre die Stiefmutter wahrscheinlich böse gewesen. Möglicherweise hätte sie Luise in einen Turm gesperrt oder zu schmutzigen Arbeiten gezwungen.

In Wirklichkeit geschah nichts dergleichen. Tante Charlotte war eine wunderbare Mutter, die sich alle Mühe gab, die Kinder zu trösten und zu umsorgen. Luise nannte sie ihre zweite Mama und sie bekam auch noch einen kleinen Bruder, Karl.

Was dann aber geschah, war schlimmer als alles, was im Märchen geschehen könnte: Nur ein Jahr nach der Hochzeit mit Luises Vater starb auch Charlotte. Luise hatte zum zweiten Mal eine Mutter verloren. Die kleine Prinzessin hatte ihre Stiefmutter sehr geliebt und bewundert und war furchtbar traurig.

Aber: Luise war nicht nur eine Prinzessin, sie war ein Glückskind. So schrecklich alles war, der Vater fand eine gute Lösung für seine Kinder. Er brachte sie nach Darmstadt zur Großmutter. Die lebte fast allein in einem vornehmen und großen Haus und fand es ganz wunderbar, ihre Enkelinnen bei sich zu haben.

Luises Großmutter war die Prinzessin Marie Luise zu Leiningen-Heidesheim, die nur Prinzessin George genannt wurde.

Und auch in Darmstadt führten die Prinzessinnen ein lustiges Leben! Die Großmutter besaß einen Park, der Schwanengarten genannt wurde. Dorthin fuhren sie im Sommer zum Picknick. Im Winter gab es wieder Schlittenfahrten und Jagden, außerdem Konzerte, Theateraufführungen und Maskenbälle, auf denen verkleidet getanzt wurde. Außerdem kam fast ständig Besuch. Großmutter George war ein beliebter Anlaufpunkt für die ganze Familie – und was für eine Familie!

Da gab es zum Beispiel Onkel Adolf. Die Kinder nannten ihn »Großvater«, obwohl er eindeutig ihr Onkel war. Und Großvater, der ja eigentlich Onkel Adolf hieß, hatte panische Angst vor Gewitter und sogar vor Frauen.

Dann gab es noch Luises Tante Charlotte, die Schwester ihres Vaters. Sie war mit dem König Georg III. von England verheiratet. Ohne dass ihr zukünftiger Ehemann und sie sich je gesehen hatten, war sie nach England gereist. Georg III. bekam einen furchtbaren Schreck, als er sie sah: Charlotte war unsagbar hässlich. Trotzdem heirateten die beiden und bekamen 15 Kinder.

Auch ohne die 15 Kinder ihrer Tante war Luises Familie sehr groß. Von den zahlreichen Besuchern mochten Luise und ihre Schwester Friederike ihren Onkel Georg am liebsten. Das war ein anderer Georg, nicht der König von England. Dieser Georg war ein ausgesprochener Spaßvogel. Er kannte unzählige Witze. Außerdem veranstaltete er manchmal Kostüm- und Tanzfeste eigens für die Kinder, was ja auch wirklich sehr nett war.

Die Prinzessin wird größer

So schön all die Besuche, Feste und Ausflüge auch waren, auch so fröhliche Prinzessinnen wie Luise und ihre Schwestern hatten nicht immer frei. Irgendwann mussten sie etwas lernen.

Für Luise und ihre Schwestern hatte die Großmutter eine Lehrerin und Erzieherin angestellt, die die Mädchen zu Hause unterrichten sollte. Der Unterricht fand auf Französisch statt. Damals unterhielten sich die vornehmen Leute fast nur auf Französisch, auch Luise sprach es von klein auf. Luises Lehrerin nun hieß Salomé de Gélieu. Sie war eine freundliche Frau und deshalb gefiel sie der Prinzessin George. Vielleicht war sie als Lehrerin sogar zu freundlich. Tatsache ist, dass Luise herzlich wenig bei ihr lernte. Viele ihrer Schulhefte wurden bis heute aufgehoben und wer sie liest, der muss feststellen: Prinzessin Luise war vielleicht engelschön und gütevoll – fleißig und ordentlich aber, das war sie nicht. Ihre Hefte waren zerkritzelt und die Tests fielen miserabel aus. Es ist also nicht verwunderlich, dass Lehrerin de Gélieu verzweifelt war! Zur Strafe für

Das ist Luises Schulheft. Sie hat es wirklich reich verziert!

ihre Faulheit nahm sie Luise den Nachtisch weg. Obwohl Luise eigentlich schrecklich gern Süßes aß und großen Wert auf Nachtisch legte, wirkte die Strafe nicht wie erhofft. Die Prinzessin zeigte sich vollkommen unbeeindruckt. Ihre Hefte verzierte sie weiterhin mit Zeichnungen von feinen Damen mit riesigen Hüten. Auf die Etiketten schrieb sie Titel wie »Hefte für die Aufsätze, die mehr als zwölf Fehler haben«. Bessern aber, bessern tat sie sich nicht.

Die Großmutter, von ihren Enkelinnen liebevoll »Babuschka« genannt, war dem armen Fräulein Gélieu überhaupt keine Hilfe. Die Babuschka war selbst nicht besonders gebildet und entsprechend konnte sie kein großes Problem darin erkennen, wenn ihre Enkelin nicht so viel lernte. Wichtiger sei es, fand die Großmutter, fröhlich und heiter durchs Leben zu gehen. Und das tat Luise ja.

Luise liebte ihr Leben und langweilig wurde ihr nie. Zudem ging sie von Zeit zu Zeit auf Reisen. Zu verreisen war damals noch weit aufregender als heute! Mit Pferdekutschen rumpelten Luise und ihre Familie über schlechte Straßen. Fast auf jeder Reise brach ein Rad ab, wenn der Wagen in ein Schlagloch geriet. Manchmal scheuten die Pferde und die Kutsche kippte um. Die Reisenden konnten froh sein, wenn sie ohne größere Verletzungen ihr Ziel erreichten.

Die vielleicht aufregendsten Reisen ihrer Kindheit machte Luise nach Frankfurt: Kaiser Joseph II. war 1790 gestorben und nun sollte sein Bruder Leopold zum Kaiser des Heiligen Römischen Reiches Deutscher Nation gekrönt werden. Zum Heiligen Römischen Reich Deutscher Nation gehörten damals viele Länder

Europas. Sie hatten alle ihre eigenen Könige und Fürsten, aber einen gemeinsamen Kaiser. Und der sollte nun gekrönt werden! Die bunten Krönungsumzüge, die Bälle und Empfänge durften Luise und ihre Schwester Friederike nicht besuchen, weil sie noch zu jung waren. Die Reise wurde trotzdem zu etwas ganz Besonderem. Die Familie wohnte in Frankfurt bei der Mutter des berühmten Dichters Johann Wolfgang von Goethe. Luise und Friederike spielten in ihrem Hof am Brunnen und – wahrscheinlich wegen der vielen Nachtische, die Luise nicht hatte essen dürfen – erfreuten sich ganz besonders an dem guten Essen. Es gab nämlich unter anderem Eierkuchen mit Specksalat.

Nur zwei Jahre später reisten Luise und Friederike schon wieder nach Frankfurt und zwar, man möchte es ja nicht glauben, schon wieder zu einer Kaiserkrönung. Die meisten Leute besuchen in ihrem Leben ja gar keine Kaiserkrönung. Luise und Friederike aber, die erlebten gleich zwei. Der arme Kaiser Leopold II. war gestorben, nur zwei Jahre, nachdem er Kaiser geworden war, und nun begannen all die Feste und Bälle von neuem. Dieses Mal wurde Franz II. zum Kaiser gekrönt und dieses Mal durfte Luise an der eigentlichen Krönung teilnehmen. Nicht nur das. Sie durfte den Krönungsball gemeinsam mit dem jungen Klemens von Metternich eröffnen. Die Anwesenden waren entzückt. Luise war anmutig, hübsch und vor allem fröhlich. Im Sturm eroberte sie die Herzen der Grafen, Fürsten und Edelleute des Heiligen Römischen Reichs. Keiner von ihnen konnte ahnen, dass Luise diesen Moment, ihren ersten großen Auftritt, um ein Haar verpasst hätte: Sie war wieder einmal nicht rechtzeitig fertig geworden und hatte die Familie in der Kutsche warten lassen. Selbst die Geduld der gutmütigen Großmutter kannte Grenzen. Sie befahl dem Kutscher, ohne Luise loszufahren. In diesem Moment kam die unpünktliche Prinzessin aus der Tür – im weißen Festkleid rannte sie der Kutsche hinterher und holte sie tatsächlich an der nächsten Straßenecke ein.

Dieser Krönungsball war nicht nur Luises erster wirklich großer Ball. Für eine ganze Weile sollte es auch der letzte sein, denn kurze Zeit später brach der Krieg aus. Während Luise mit ihren Geschwistern in Darmstadt im Garten gespielt hatte und bei Fräulein Gélieu nichts gelernt hatte, während sie sich verkleidete, nach Frankfurt reiste und tanzte, währenddessen hatte Europa sich verändert.

In Frankreich regierte König Ludwig XVI. und mit ihm seine Frau Marie Antoinette. Dieser König lebte in großem Reichtum. Sein Schloss war mit Samt und Seide ausgestattet. Seine

Frau trug jeden Tag ein neues Kleid aus feinsten Stoffen. Für das Volk, um das sie sich als König und Königin eigentlich hätten kümmern müssen, interessierten sie sich herzlich wenig. Und dem Volk ging es schlecht, die Menschen hungerten. Sie wollten mitbestimmen und nicht mehr nur das tun, was der König verlangte. Es war nicht richtig, fanden sie, dass einigen wenigen alles erlaubt war und der Mehrheit gar nichts. Das Volk stürmte das Gefängnis des Königs in Paris und ließ die Gefangenen frei. Dafür sperrten sie den König ein! Der König und die Königin wurden entmachtet und einige Jahre später sogar ermordet. Leider sind in Frankreich während der Revolution sehr viele Menschen umgebracht worden. Die Revolutionäre wurden

Marie Antoinette war das 15. Kind der berühmten österreichischen Kaiserin Maria Theresia.

Mit dem Sturm auf die Bastille wollte das Volk die uneingeschränkte Herrschaft des Königs beenden.

selbst zu grausamen Herrschern. Erst viel später haben sich die Ideale der französischen Revolution, also Freiheit, Gleichheit und Brüderlichkeit, in Europa wirklich durchsetzen können.

Luise hatte von den großen Veränderungen wenig gespürt, dazu war sie zu behütet in Darmstadt und in ihrer Familie. Aber das sollte sich ändern: Nur kurze Zeit nach der festlichen Krönung zog die preußische Armee unter König Friedrich Wilhelm II. gegen Frankreich in den Krieg. Die Preußen und ihre Verbündeten wollten die Ermordung des französischen Königspaares verhindern. Dass sie siegen würden, daran zweifelten sie nicht einen Moment. Doch sie hatten die französischen Truppen unterschätzt! Die Preußen mussten sich zurückziehen – und die Franzosen besetzten nun ihrerseits Deutschland.

Und so kam es, dass Luise das erste Mal fliehen musste! Im Herbst 1792 floh die Großmutter mit ihren Enkeln nach Hildburghausen. Dort nämlich lebte inzwischen Charlotte, Luises große Schwester, die schon verheiratet war. So dramatisch die Flucht Luise zunächst auch erschien, bei Lolo war es ziemlich

gemütlich. Die Flüchtlinge genossen die Zeit in Hildburghausen in vollen Zügen und feierten ein Fest nach dem nächsten. Es sollte übrigens nicht das letzte Mal sein in Luises Leben, dass sie fliehen musste. Und die zweite Flucht, die war nicht so unbeschwert wie die erste.

Für die Soldaten war der Krieg natürlich schrecklich. Tausende von ihnen starben, oftmals nur noch in Lumpen gehüllt, ver-

*Friedrich Wilhelm musste als Kronprinz zur Armee,
ob er wollte oder nicht.*

dreckt, verwundet und krank, irgendwo auf einem Schlachtfeld. Unter ihnen war ein junger Mann, der mit Entsetzen das Leid um sich herum sah. Dieser Mann war Friedrich Wilhelm, der preußische Kronprinz. Einige Jahre später wurde er Luises Ehemann – aber das wussten zu diesem Zeitpunkt weder Luise noch Friedrich Wilhelm.

Die große Prinzessin

Im März 1793 beschloss die Großmutter, es sei an der Zeit nach Hause zurückzukehren. Sie hatte gehört, dass der preußische König auf der Suche nach einer Frau für seinen ältesten Sohn Friedrich Wilhelm war. Großmutter George war sich sicher, dass ihre Enkelinnen hervorragend geeignet seien als Ehefrauen eines zukünftigen Königs. Preußen war das wichtigste und mächtigste Land damals in Deutschland und die Hauptstadt Preußens war Berlin. Die Frau, die den ältesten Sohn des preußischen Königs heiratete, würde später einmal preußische Königin in Berlin werden!

Luise war 17 Jahre alt, Friederike 15 und, wenn das auch eigentlich noch sehr, sehr jung ist, so war es damals doch alt genug zum Heiraten! Die Großmutter fuhr darum mit den beiden Mädchen nach Frankfurt, wo der Königssohn sich gerade aufhielt. Der Königssohn sah die beiden Schwestern – und war begeistert. Er war sich sicher, auf der ganzen Welt noch nie zwei so liebliche und schöne Prinzessinnen gesehen zu haben wie Luise und Friederike.

Dieses Bild von Luise hat Félicité Tassaert gemalt.

Friedrich Wilhelm war ein ernster junger Mann.

Natürlich konnte er nicht beide heiraten, er musste sich entscheiden, und er entschied sich für – Luise! Sie wollte er heiraten! Sein Vater war einverstanden und befahl obendrein, dass der jüngere Bruder des Kronprinzen, Prinz Ludwig, die Prinzessin Friederike heiraten sollte. Dass Prinz Ludwig gar keine Lust hatte, Friederike zu heiraten, dass Friederike erst 15 Jahre alt war und den Prinzen erst seit ein paar Tagen kannte, das alles spielte keine Rolle. Es wurde getan, was die Eltern, in diesem Falle der Vater und die Großmutter, anordneten.

Luise wohnte während dieser Tage in einem Gasthaus, dem Gasthaus »Zum weißen Schwan«. Und hierhin kam Friedrich

Wilhelm, weil er Luise bitten wollte, ihn zu heiraten. Er fragte sie und Luise wollte! Am nächsten Morgen ging dann Friedrich Wilhelm einkaufen und brachte Luise einen Ring, einen üppigen Blumenstrauß und einen Fächer, auf den er mit eigener Hand einen Spruch schrieb: »Nichts tröstet mich so wie du, denn dein ist mein ganzes Herz.«

Nun drängt sich die Frage auf, warum denn der Prinz gleich getröstet werden wollte. Eigentlich hatte er doch gerade ausreichend Grund zur Freude, denn im Unterschied zu seinem Bruder musste er Luise nicht nur heiraten – er wollte auch!

Wahr aber ist, dass Friedrich Wilhelm trotzdem des Trostes bedurfte. Er hatte keine so glückliche Kindheit gehabt wie Luise. Seine Erziehung war sehr viel strenger gewesen. Noch nicht einmal ausreichend zu essen hatte er bekommen. Oft war er hungrig ins Bett gegangen. Zudem war Friedrich Wilhelm, als er Luise kennen lernte, ja schon im Krieg gewesen. Er hatte auf Befehl seines Vaters gegen die französischen Revolutionstruppen gekämpft und das Leid und Elend auf den Schlachtfeldern gesehen. Friedrich Wilhelm hasste den Krieg und so sollte es Zeit seines Lebens bleiben.

Luise wusste noch nicht viel über Friedrich Wilhelm, aber sie war sofort bereit, ihn zu trösten. Sie zeigte ihm das große Haus und den Garten ihrer Großmutter und Friedrich Wilhelm lernte die Familie kennen, die ihm sehr gefiel. Seine eigene Familie kannte Friedrich Wilhelm nicht so gut, er wusste noch nicht einmal ganz genau, wie viele Geschwister er eigentlich hatte. Im Unterschied zu Luises Onkel nämlich, dem Großvater, hatte Friedrich Wilhelms Vater keine Angst vor Frauen. Tatsächlich mochte er Frauen so gerne, dass er immer gleich mehrere um sich haben wollte. Am Ende hatte er eine Frau, mit der er

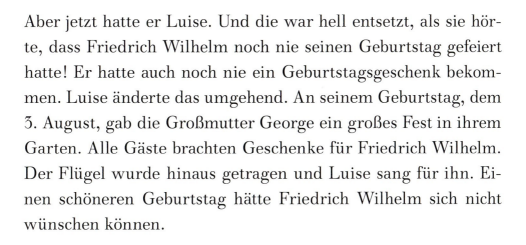

»Ihr Humor war im Ganzen heiter und froh gelaunt«, schrieb Friedrich Wilhelm über Luise.

verheiratet war, und eine Frau, die er liebte, aber die war nicht seine Ehefrau. Mit beiden hatte er zahlreiche Kinder und mit einigen anderen Frauen auch noch. Kein Wunder also, dass Friedrich Wilhelm den Überblick verloren hatte.

Aber jetzt hatte er Luise. Und die war hell entsetzt, als sie hörte, dass Friedrich Wilhelm noch nie seinen Geburtstag gefeiert hatte! Er hatte auch noch nie ein Geburtstagsgeschenk bekommen. Luise änderte das umgehend. An seinem Geburtstag, dem 3. August, gab die Großmutter George ein großes Fest in ihrem Garten. Alle Gäste brachten Geschenke für Friedrich Wilhelm. Der Flügel wurde hinaus getragen und Luise sang für ihn. Einen schöneren Geburtstag hätte Friedrich Wilhelm sich nicht wünschen können.

Noch aber war Krieg und Friedrich Wilhelm musste zurück zu den Truppen. Aber er hatte Glück. Aus Freude über die Verlobung beförderte der Vater, Friedrich Wilhelm II., seinen gleichnamigen Sohn nicht nur zum Generalmajor – er versetzte ihn zur Reserve. Das bedeutete, dass Friedrich Wilhelm erst einmal nicht kämpfen musste. Zudem lag sein Einsatzort nicht weit von Darmstadt. Wann immer es ging, ritt Friedrich Wilhelm nach Darmstadt, um Luise zu sehen. Und wenn es einmal nicht ging, dann schrieben die beiden sich Briefe. Einmal schickte Luise ihm ein Lied, das ging so: »Unsere Katz' hat Junge, sieben an der Zahl, sechs davon sind Hunde, das ist ein Skandal! Und der Kater spricht: ›Die ernähr ich nicht! Diese zu ernähren ist nicht meine Pflicht.‹« Friedrich Wilhelm gefiel das Lied so gut, dass er es mit seinen Soldaten singen wollte. Und die staunten sehr über die gute Laune des sonst so ernsten Kronprinzen! Luise hatte ihr Ziel erreicht: Friedrich Wilhelm lachte und freute sich. Sie wünschte sich, dass er ein fröhlicher König und sie eine fröhliche Königin werden würde. An ihrem Königshof, sagte sie ihm, werde man einmal mehr lachen als weinen!

Die Kronprinzessin

Und nun kam Luise nach Berlin! Berlin war damals bei weitem nicht so groß wie heute. Dennoch, verglich man die Stadt mit Darmstadt, wo Luise aufgewachsen war, so war Berlin riesig. Und voll! Voller Leute, voller Wagen, voller Häuser, Pferde, Straßen. Voller Händler, die etwas verkaufen wollten. Voller Künstler, die ihr Glück versuchten. Aber auch voller Dreck und Unrat. Luise mochte die Stadt, nicht den Dreck natürlich, aber das bunte Treiben, die vielen Menschen, das Leben – das mochte sie.

Und die Berliner wiederum, die mochten Luise: Sie standen an den Straßen und jubelten ihr zu, als sie gemeinsam mit ihrer Schwester Friederike in einer goldenen Kutsche in die Stadt einfuhr. Luise war ziemlich aufgeregt, was leicht nachzuvollziehen ist. Bisher hatte sie ja ein eher zurückgezogenes Leben geführt, von den vielen Besuchen der Familie einmal abgesehen. Und jetzt standen die Menschen an den Straßen und jubelten, weil sie, Prinzessin Luise, in die Stadt einfuhr!

So schön war Luise als Braut!

Bald nach Luises Ankunft in Berlin fand die Hochzeit statt. Das Hochzeitsdatum war ungewöhnlich: Luise und Friedrich Wilhelm heirateten an Weihnachten. Luise trug ein langes silbernes Kleid, dessen Ausschnitt mit Diamanten besetzt war. Die Königin setzte ihr eine Diamantenkrone ins Haar und dann wurde gefeiert. Das ganze Berliner Schloss wurde mit Kerzen erleuchtet. Das Festmahl nahmen das Brautpaar und die Gäste im Rittersaal ein. Später gab es noch einen Fackeltanz, bei dem die Herren Kerzen in den Händen tragen mussten. Bis spät in die Nacht wurde dann getanzt und gefeiert. Nun war Luise, als Frau des Kronprinzen, eine Kronprinzessin!

Am Tag darauf zogen Luise und Friedrich Wilhelm um. Ihnen gefiel das Berliner Schloss nicht. Es war zu groß und zu kalt,

Friedrich Wilhelm III. mit seiner Gemahlin Luise auf der Pfaueninsel.

fanden sie. Darum zogen sie dicht daneben in das kleinere Kronprinzenpalais und das richteten sie so ein, wie sie es schön und gemütlich fanden. Luises Schlafzimmer war prächtig ausgestattet. Sie hatte dort ein Himmelbett, das hinter seidenen Vorhängen verborgen war. Friedrich Wilhelms Schlafzimmer sah ganz anders aus: Er schlief auf einem Feldbett, auf einem Bett also, das sonst nur Soldaten benutzen, wenn sie in den Krieg ziehen. Auf einem Feldbett schlafe er am besten, behauptete Friedrich Wilhelm.

Die Nachbarin der beiden, das war Luises Schwester Friederike. Deren Hochzeit mit Friedrich Wilhelms Bruder, Prinz Louis, hatte zwei Tage nach Luises stattgefunden. Nun lebte Friederike im Kronprinzessinnenpalais, direkt neben der großen Schwester. Für Friederike war es ein Glück, dass sie eine vertraute Person in ihrer Nähe hatte. Louis nämlich verhielt sich seiner sehr jungen Ehefrau gegenüber außergewöhnlich unfreundlich.

Luise hatte es in dieser Hinsicht besser, aber auch sie war dankbar, dass Friederike da war – hatte sie doch manchmal furchtbares Heimweh. Es hatte eben seine zwei Seiten, Kronprinzessin am preußischen Hof zu sein: Einerseits war das eine tolle Sache, Kronprinzessinnen fuhren schließlich in goldenen Kutschen, trugen schöne Kleider und mussten ihr Geschirr niemals selbst abwaschen. Andererseits musste sich eine Kronprinzessin immer so benehmen, wie es der König und die feine Gesellschaft von ihr erwarteten. Luise war aber noch sehr jung und wusste gar nicht so ganz genau, was eigentlich von ihr erwartet wurde. Deshalb hatte ihr der König, der Vater von Friedrich Wilhelm, eine Art Lehrerin an die Seite gestellt, eine so genannte Oberhofmeisterin, die ein bisschen auf Luise aufpassen sollte. Sie hieß Sophie Marie Gräfin von Voss und war sehr streng. Von ihr wissen wir sehr viel über Luises Leben, weil sie jeden Tag in ihr Tagebuch schrieb, was sie alles mit Luise erlebt hatte.

Gräfin Voss hatte Luise gerade erst kennen gelernt, so erzählt man sich, da benahm die sich schon das erste Mal daneben. Das kam so: An dem Tag, als Luise in Berlin ankam, da hatten die Berliner auf der Straße Unter den Linden eine Ehrenpforte, ein großes blumengeschmücktes Tor, für sie aufgebaut und davor standen Kinder in weißen Kleidern und mit grünen Kränzen in den Haaren. Eines der Mädchen überreichte Luise eine Blumenkrone und sagte außerdem auch noch ein Gedicht auf. Luise war derart begeistert, dass sie das Kind auf den Arm nahm und küsste. Gräfin Voss war entsetzt. Unmöglich fand sie das. So etwas gehörte sich nämlich nicht für eine Kronprinzessin, aber das hatte Luise ja nicht gewusst. Die Berliner, anders als Gräfin Voss, fanden es trotzdem sehr nett von Luise.

Es war nicht das letzte Mal, dass Luise etwas tat, was man eigentlich nicht tun durfte. Am preußischen Hof war alles sehr streng geregelt und Luise war daran nicht gewöhnt. So fiel es ihr schwer,

In diesen ersten Jahren ging Luise mit ihrer Schwester Friederike (die ja den Bruder von Friedrich Wilhelm geheiratet hatte) oft zu Gottfried Schadow. Der war Bildhauer und schuf eine Plastik, eine Figur der beiden Prinzessinnen, die es heute noch gibt!

sich einzuleben. Gleichzeitig aber war sie unternehmenslustig genug, um begeistert zu sein von dem, was Berlin alles bot!

Der Vater von Friedrich Wilhelm, Friedrich Wilhelm II., hatte aus Berlin eine aufregende Stadt gemacht. Zwar konnte er nicht besonders gut mit Geld umgehen. Er gab es einfach mit vollen Händen aus, so dass der preußische Staat am Ende seiner Amtszeit hoch verschuldet war. Aber für Berlin war das zunächst einmal ziemlich gut. Nicht nur, dass er dafür gesorgt hatte, dass es wieder mehr Handel und mehr erfolgreiche Kaufleute in Berlin gab – es waren auch viele berühmte Maler, Bildhauer, Baumeister und Musiker in die Stadt gekommen, so dass es immer etwas zu hören oder zu sehen gab. Am Theater, wo bisher fast nur französische Theaterstücke aufgeführt worden waren, ließ er deutsche Stücke spielen, so dass jeder die Aufführungen verstehen konnte.

Besonders gerne ließ Friedrich Wilhelm II.
neue Gebäude und Denkmäler bauen.
Das vielleicht berühmteste Bauwerk, das er in Auftrag gab,
das kennt noch heute jeder: Es ist das Brandenburger Tor.

Luise ging gerne aus. Sie fand es wunderbar, dass es in Berlin fast jeden Abend irgendwo einen Ball oder ein Fest oder ein großes Konzert gab. Luise tanzte und tanzte – und am liebsten tanzte sie Walzer. Heute ist es ganz normal, wenn jemand Walzer tanzt. Zu der Zeit aber, als Luise lebte, galt Walzer als unanständig. Viele feine Damen und Herren waren entsetzt über die Walzer tanzende Kronprinzessin! Sie beschwerten sich bei König Friedrich Wilhelm II. Der benahm sich zwar selbst nicht immer einwandfrei, schrieb aber dennoch umgehend einen Brief an seinen Sohn, in dem er ihn aufforderte, etwas strenger

Oberhofmeisterin Gräfin von Voss war selten zufrieden mit Luises Benehmen. Später wurde sie ihr eine gute Freundin.

mit seiner Frau zu sein. Doch Friedrich Wilhelm lehnte das ab. Er nahm Luise in Schutz. Luise dankte es ihm, indem sie etwas weniger heftig tanzte und feierte. Und irgendwann konnte Gräfin Voss dann endlich einmal in ihr Tagebuch schreiben: »Die Prinzessin betrug sich den ganzen Tag vortrefflich.«

Hat nun Luise, so wie sie es vorgehabt hatte, mehr gelacht als geweint in dieser Zeit? Das ist schwer zu sagen. Wahrscheinlich machte sie am Anfang beides etwa gleich viel. Im Großen und Ganzen aber ging es ihr gut. Mehr und mehr zeigte sich, was gar nicht so selbstverständlich war: Friedrich Wilhelm und Luise liebten einander. Das hätte auch anders sein können, schließlich hatten die beiden sich ja kaum gekannt, als der König beschloss, dass sie heiraten sollten. So war es ein Glücksfall, dass Luise und ihr Ehemann sich so gut verstanden. Natürlich gab es immer mal wieder ein bisschen Streit. Friedrich Wilhelm ärgerte sich, weil Luise immer so schrecklich unpünktlich war. Und Luise fand, dass Friedrich Wilhelm alles viel zu schwarz sah und außerdem ziemlich oft schlechte Laune hatte. Aber das alles war

Luise und ihre Schwester Friedrike zu Besuch im Feldlager.

kein Grund für einen wirklich großen Streit. Und nach kleinen Streitigkeiten versöhnten sie sich immer wieder sehr schnell.

Trotzdem, dass Luise so furchtbar gern abends ausging, um Feste zu besuchen – das konnte Friedrich Wilhelm nicht einfach so abstellen. Außerdem tanzte sie, so behauptete es manch einer in der feinen Berliner Gesellschaft, viel zu oft mit dem gut aussehenden Louis Ferdinand, einem Verwandten ihres Mannes. So traf es sich gut, dass Friedrich Wilhelm zum Herbstmanöver, zu einer Übung mit den Soldaten also, nach Potsdam musste. Luise kam mit. Nun hatte das Ehepaar fern von Berlin viel Zeit füreinander und beiden gefiel das sehr gut. Manchmal schaute

Luise zu, wenn Friedrich Wilhelm seine Soldaten trainierte. Einmal gingen sie auch zusammen aufs Potsdamer Schützenfest. Meistens aber genossen sie einfach die ruhigen Tage. Luise schrieb in einem Brief: »Ich gehe zu Bett mit den Hühnern, Küken und Kikerikis und stehe mit höchstdenselben wieder auf. Aber ich bin besser als sie, denn ich lese Geschichte, schreibe dir und anderen und lebe zum Vergnügen meines Mannes.«

Die junge Königin

Vielleicht wären Luise und Friedrich Wilhelm glücklicher geworden, wenn sie ewig so mit den Hühnern hätten leben können. Aber das konnten sie leider nicht. Zunächst einmal musste Friedrich Wilhelm wieder in den Krieg ziehen. Der preußische König war in Polen eingerückt und Friedrich Wilhelm, sein ältester Sohn musste mit. Doch der Krieg dauerte nicht lange, die preußischen Truppen zogen sich zurück und Friedrich Wilhelm kehrte heim. »Rasend toll vor Freude« über seine Heimkehr sei sie, schrieb Luise ihrem Mann. Und es war wirklich gut, dass er kam, denn Luise erwartete ihr erstes Kind. Im Herbst 1794 kam es tot zur Welt. Friedrich Wilhelm und Luise waren unendlich traurig.

Zurück in Berlin war Luise die Lust am Feiern erst einmal vergangen. Friedrich Wilhelm und sie trösteten sich gegenseitig. Und nun kann sich jeder vorstellen, wie sehr sie sich freuten, als sie ein Jahr später wieder ein Kind bekamen, einen Sohn. Sie nannten ihn Friedrich Wilhelm. Nun musste man wirklich sehr

Hier trägt Luise eine Krone – sie ist jetzt Königin.

gut aufpassen, dass man nicht durcheinander kam. Schließlich gab es jetzt drei Friedrich Wilhelms: Den König Friedrich Wilhelm II., seinen Sohn, der Luises Mann war, und deren Sohn, der noch ein Baby war. Praktisch ist, dass die vielen Friedrich Wilhelms nummeriert waren.

Im November 1797 starb Friedrich Wilhelm II. Aus seinem Sohn wurde nun König Friedrich Wilhelm III. Und Luise wurde Königin! König zu sein, das ist wirklich keine leichte Aufgabe. Und Friedrich Wilhelm hatte es, das kann man so sagen, besonders schwer, er wollte nämlich eigentlich gar nicht so gerne König sein. Er hätte viel lieber seine Ruhe gehabt und mit Luise ein lustiges Leben geführt.

Daraus, dass er nicht so gerne König werden wollte, darf man nun aber nicht schließen, dass Friedrich Wilhelm gar keine Ideen gehabt hätte. Er wollte als König durchaus etwas bewegen: Er versprach, sich nicht nur um die reichen und vornehmen

Im Schloss Charlottenburg verbrachte Luise gerne die Sommermonate.

Leute zu kümmern, sondern vor allem um die ärmeren Menschen, die so viel arbeiteten. Und das Geld, das durch Steuern eingenommen wurde, das, so fand er, sollte nicht mehr für unnötigen Luxus am Königshof ausgegeben werden. Das Königspaar zog auch nicht um in das große Schloss, sondern blieb im kleineren Kronprinzenpalais. Im Sommer wohnten sie für ein paar Monate im Schloss Charlottenburg. Einzig für Luise vergaß Friedrich Wilhelm manchmal seine Sparsamkeit. Er war nämlich sehr stolz darauf, dass sie so schön war, und gab ihr immer viel Geld für schöne Kleider und wertvollen Schmuck.

Ein Nachmittag auf der Pfaueninsel: Luise und Friedrich Wilhelm versuchten, so viel Zeit wie möglich mit ihren Kindern zu verbringen.

Insgesamt änderte sich erst einmal gar nicht so viel für die beiden, als Friedrich Wilhelm und Luise König und Königin von Preußen wurden. Natürlich hatten beide viel zu tun, aber sie fanden doch immer noch die Zeit, gemeinsam Spaziergänge Unter den Linden zu machen, den Weihnachtsmarkt zu besuchen oder mit der ganzen Familie aufs Land zu fahren. Und die Familie, die wurde immer größer: Nach ihrem ältesten Sohn, Friedrich Wilhelm, bekam Luise noch acht weitere Kinder, von denen eines starb, als es noch ganz klein war.

Ihre Kinder waren Luise und Friedrich Wilhelm sehr wichtig. Luise war selbst als Kind geliebt und umsorgt worden, sie hatte spielen dürfen und viel Freiheit genossen. Für ihre eigenen Kinder wünschte sie sich eine ebenso schöne Kindheit. Und so kümmerten sich Friedrich Wilhelm und Luise viel mehr um die Kinder, als Königspaare das damals taten. Die Kinder durften bei ihren Eltern sein, wann immer es möglich war. Morgens etwa, da ließ Luise sich immer eine große Tasse Kakao mit Sahne ans Bett bringen. Und dabei durften alle ihre Kinder in ihr Bett kommen und darin herumtoben. So etwas gab es damals sonst nicht an Königshöfen! Ihr Töchterchen Alexandrine, schrieb Luise in einem Brief an ihren Bruder, das sei

so »hübsch, so fett, so rund, als ich es nur wünschen kann«. Charlotte sei »sanft und gut«, Wilhelm »klug und witzig« und Friedrich Wilhelm »gescheit, aber oft unbändig«. Friedrich Wilhelm wurde viele Jahre später der Nachfolger seines Vaters, er wurde Friedrich Wilhelm IV. Und aus dem klugen und witzigen Wilhelm wurde Kaiser Wilhelm I. Die runde Alexandrine wurde Großherzogin von Mecklenburg-Schwerin. Ihre Schwester, die sanfte Charlotte, hieß später Alexandra Feodorowna und war Zarin von Russland.

Natürlich mussten die Königskinder eine gute Ausbildung erhalten, das ist klar. Luise suchte die Lehrer, die die Kinder

unterrichteten, selbst aus. Obwohl sie viele Diener, Hofdamen und Berater zur Verfügung hatte, wollte sie das, was ihre Kinder betraf, doch gerne selbst entscheiden. Und weil sie fand, dass sie selbst zu wenig gelernt hatte als Kind, nahm sie selbst auch noch einmal Unterricht – bei den Lehrern ihrer Kinder!

Schon in Potsdam hatten Friedrich Wilhelm und Luise das Leben auf dem Land genossen. Und so kauften sie sich nun ein eigenes Gut, das Gut Paretz, ungefähr 40 km von Berlin entfernt. Dort wollte Friedrich Wilhelm für sich und Luise ein Schloss bauen lassen, in das sie sich manchmal zurückziehen konnten, um Berlin und den strengen Regeln bei Hofe zu entfliehen. An

Schloss Paretz ist besonders schlicht gebaut. Es sieht eigentlich gar nicht aus wie ein Schloss – und so gefiel es dem Königspaar.

Stelle des alten Gutshauses ließ er sich von dem Baumeister Gilly nicht nur ein einfaches Schloss bauen, sondern gleich ein ganzes Dorf mit Wohnhäusern, Schmiede, Ställen und Kirche dazu. Für Friedrich Wilhelm und Luise wurde Paretz eine Art Ferienhaus, in dem sie ungestört und glücklich leben konnten. Sie feierten Feste mit den Menschen, die sich in ihrem Dorf ansiedelten, mit den Bauern und Arbeitern. Beim Erntefest tanzten sie mit allen anderen und sogar die strenge Oberhofmeisterin von Voss tanzte mit! Auch gespielt wurde in Paretz: Die Kinder spielten Verstecken oder Fangen und sie spielten mit Reifen und Kreiseln. Die Erwachsenen bevorzugten Topfschlagen und Blindekuh.

Vollkommen sorgenfrei war Luise nicht: Immer wieder gab es Grund zur Aufregung. So wurde ihr Sohn Friedrich Wilhelm sehr krank, nachdem er geimpft worden war. Damals waren Impfungen etwas ganz Neues und die Ärzte wussten noch nicht so genau, wie viel Impfstoff sie einem Kind geben mussten. Zudem bereitete Luise das Schicksal ihrer Schwester Friederike Sorgen: Die arme Friederike war mit 18 Jahren Witwe geworden, nachdem ihr untreuer Ehemann sehr jung gestorben war. Friederike stürzte sich ins Leben, flirtete mit verschiedenen Prinzen – und wurde schwanger. Schwanger zu werden, ohne einen Ehemann zu haben, das war damals ein riesiger Skandal. Und so wurde Friederike sehr schnell wiederverheiratet und musste Berlin verlassen. Luise konnte ihrer Schwester nicht helfen. Sie musste in Berlin bleiben und sich ihren Aufgaben als Königin widmen!

Die Arbeit ihres Mannes, schrieb Luise einmal in einem Brief, sei viel schrecklicher als man glaube. Wie sehr das stimmte, das sollte Luise erst noch erfahren. Denn während sie mit ihrem Mann und ihren Kindern Blindekuh spielte und Erntefeste feierte, währenddessen hatte sich ein junger Mann zum ersten Konsul Frankreichs wählen lassen, der große Pläne hatte: Er wollte Europa erobern. Dieser Mann war Napoleon Bonaparte.

Die starke Königin

Napoleon Bonaparte regierte seit 1799 als mächtiger Herrscher in Frankreich. Er war ein unerbittlicher Mann, der keine anderen Herrscher anerkennen wollte. Und weil er der Ansicht war, dass niemand außer ihm selbst irgendetwas zu entscheiden habe, deshalb krönte er sich einfach selbst zum Kaiser. Das war natürlich sehr ungewöhnlich. Napoleon war auch sonst ein sehr ungewöhnlicher Mann. Er wollte seine Macht ausdehnen und griff nacheinander fast alle europäischen Länder an, um sie zu besetzen. Vorher aber las er viele Bücher darüber, wie man Schlachten gewinnt – und tatsächlich gewann er danach zunächst einmal auch alle Schlachten. Napoleon war nämlich ein sehr erfolgreicher Kriegsherr: Obwohl die Franzosen in vielen Schlachten gar nicht in der Überzahl waren, gingen sie aus fast jedem Kampf siegreich hervor.

Trotzdem: Napoleons grausamer Feldzug wurde von vielen Menschen in den besetzten Ländern nicht nur mit Entsetzen gesehen. Denn Napoleon wollte Europa nicht nur erobern, er

Napoleon war mit seinen Truppen losgezogen, um ganz Europa zu erobern.

wollte Europa auch verändern. Das, was die Französische Revolution hatte erreichen wollen, das wollte Napoleon in ganz Europa durchsetzen: Dass nämlich alle Menschen gleich behandelt werden und vor dem Gesetz auch die gleichen Rechte haben. Und dass sie über viele Dinge frei entscheiden dürfen, ohne dass der König alles bestimmt. Das war natürlich eine wirklich gute Idee. Und wenn es auch nicht Napoleons Idee gewesen war, sondern die der Kämpfer in der Französischen Revolution, so gefiel sie Napoleon doch. Und darum war er erst einmal beliebt beim Volk. Später änderte sich das. So richtig wollte Napoleon die Freiheit für alle dann doch nicht.

Aber das war später. Zunächst einmal war Napoleon losgezogen, um Europa zu erobern. Und die europäischen Länder waren nicht bereit, sich einfach so erobern zu lassen. Also gab es Krieg. England, Russland und Österreich kämpften gemeinsam gegen Napoleon. Und Preußen? Preußen hielt sich zurück. Friedrich Wilhelm III. hatte erlebt, wie grausam ein Krieg ist, und er wollte keinen Krieg. Er wollte Frieden für sein Land. Das ist deswegen besonders komisch, weil Friedrich Wilhelm ja die Armee so gerne mochte. Die Soldaten in der Armee waren ordentlich und pünktlich, alles ging streng nach Plan – und das gefiel ihm. Aber: Er fand, Menschen könnten nur glücklich sein, wenn Frieden herrschte. Eigentlich hatte er damit ja auch Recht. Das Problem ist nur: Was tut man, wenn der König eines anderen Landes anderer Meinung ist, und das eigene Land überfällt?

Später haben viele Leute über Friedrich Wilhelm gesagt, dass er feige gewesen sei und zu zögerlich. Aber Friedrich Wilhelm war nicht feige. Er wollte nur eben keinen Krieg. Darum unterstützte er England und Russland und Österreich nicht. Seine Berater waren sehr verärgert über Friedrich Wilhelm. Er konnte doch nicht einfach so tun, als wäre nichts, fanden sie! Und irgendwann fanden das nicht mehr nur die Berater, irgendwann fand das sogar Luise. Sie versuchte, ihren Mann zu überreden, sich mit Russland und Österreich gegen Frankreich zu verbünden. Auch der russische Zar Alexander, der Luise sehr gefiel, kam nach Berlin, um mit Friedrich Wilhelm zu sprechen. Doch der ließ sich nicht überzeugen – bis zum zweiten Dezember des

Nach dem Ritt durch die Stadt bezog Napoleon das Stadtschloss - und legte sich mit schmutzigen Stiefeln in das Bett des Preußenkönigs.

Jahres 1805. An diesem Tag besiegte Napoleon die russische und österreichische Armee in der Schlacht von Austerlitz. Er besetzte Bayern und ganz Süddeutschland. Jetzt zog Friedrich Wilhelm III. mit den preußischen Soldaten in den Kampf. Verhandeln wollte er mit Napoleon nicht mehr. Er wollte auf jeden Fall verhindern, dass Napoleon Berlin besetzte. So gab es also doch Krieg.

Frauen zogen damals nicht in den Krieg. Sie blieben zuhause und nähten neue Hosen für die Soldaten und schnitten Verbandsmaterial für die Verwundeten. Luise aber tat nichts dergleichen. Sie ging mit in den Krieg! Sie reiste in einer Kutsche in das Lager, in dem die preußischen Soldaten während des Krieges lebten. Natürlich kämpfte sie nicht. Aber sie war dabei, denn Friedrich Wilhelm brauchte sie an seiner Seite. Nicht nur, dass er Kriege ganz furchtbar fand. Kriege zu führen, das war auch nicht unbedingt seine Stärke. Vielleicht hätte er, wie Napoleon, vorher ein paar Bücher über Kriege lesen sollen. Leider hatte er

das versäumt. Nun zögerte er furchtbar lange, bis er eine Entscheidung traf. Und wenn er sie traf, dann war es nicht immer die klügste. Umso wichtiger war es jetzt, dass er eine starke Königin an der Seite hatte. Luise, die sich bis dahin mehr mit Tänzen und Spielen als mit Kriegen beschäftigt hatte, erwies sich als eine gute Kriegskönigin. Der Herzog von Braunschweig, der staunte trotzdem nicht schlecht, als er mitten im Getümmel zwischen Soldaten, Verwundeten, Wagen und Pferden plötzlich eine Kutsche entdeckte, in der Luise mit ihren Hofdamen saß. »Um Gottes willen, was tun Sie hier?«, rief er entsetzt, »Sie können hier nicht bleiben!«. Und damit hatte er wirklich Recht.

Am Tag darauf besiegten die französischen Truppen die Preußen in zwei Schlachten. Eine fand bei Jena statt, die andere bei Auerstädt. Schrecklich viele Soldaten starben. Kurz darauf zog Napoleon in Berlin ein.

Luise war nicht in Berlin, als Napoleon einzog. Bekanntlich sind siegreiche Feldherren oft nicht zimperlich mit den besiegten Königen! Im besten Falle lassen sie sie einsperren, im schlimmsten Falle lassen sie sie umbringen. Luise wollte nicht abwarten, für welche der beiden Möglichkeiten Napoleon sich ent-

schied. Sie war klug genug gewesen, dem Rat des Herzogs von Braunschweig zu folgen und zu fliehen. In Kutschen floh Luise mit ihren Kindern und einigen wenigen Bediensteten.

Es war Oktober und die Fahrt, schon bei mildem Wetter kein Spaß, erwies sich in Herbststürmen, bei Regen und auf schlechten Straßen als Albtraum. Mit Luises erster Flucht zu ihrer Schwester hatte diese zweite Flucht nichts mehr gemein: Die sanfte Charlotte, damals acht Jahre alt, erkrankte schwer. Der fünfjährige Karl tat es ihr gleich und wurde so krank, dass er fast starb. Als der Winter begann, setzte die Familie die Flucht

im Schlitten fort. Und nun wurde das Ganze auch der Königin zu viel. Luise, die bisher so viel Stärke bewiesen hatte, erkrankte ebenfalls! Sie überquerten die Kurische Nehrung bei eisiger Kälte in offenen Schlitten und übernachteten in einer Hütte. Die war immerhin besser als die rüttelnden Kutschen und Schlitten. Allerdings waren die Fenster zerbrochen. Luise, die erschöpft und krank in einem Bett schlief, erwachte unter einer Schneedecke.

Die mutige Königin

Luise erholte sich nur langsam. Auch dann, als die Familie eine bessere Unterkunft fand, fühlte sie sich weiter schwach und elend. Die Nachrichten von Friedrich Wilhelm, die preußische Boten der Königin überbrachten, trugen auch nicht gerade dazu bei, dass sie sich besser fühlte. Der siegreiche Napoleon verlangte, Preußen solle große Teile seines Landes abgeben und obendrein viele Millionen Francs Kriegsschulden an die Franzosen zahlen. Die wiederum würden Preußen so lange besetzen, bis alles Geld bezahlt wäre. Das allein war Katastrophe genug. Napoleon beließ es nicht dabei. Er demütigte den preußischen König, wo immer er konnte. Mit dem russischen Zaren Alexander nahm er Friedensverhandlungen auf. Die Gespräche fanden auf einem Floß statt, das mitten in dem Fluss Memel lag. Friedrich Wilhelm durfte nicht kommen. Er war gezwungen, bei strömendem Regen am Ufer der Memel abzuwarten, welches Urteil über sein Land gefällt würde. Luise war außer sich, als sie erfuhr, wie unverschämt ihr Mann behandelt wurde. Helfen konnte sie ihm nicht.

In dieser Situation kam einigen preußischen Staatsmännern eine sehr ungewöhnliche Idee. Preußens König konnte für sein Land nichts tun. Aber Preußen hatte eine Königin, die in ganz Europa geliebt und bewundert wurde für ihre Anmut, ihre Schönheit und ihren Liebreiz. Schönheit, Anmut und Liebreiz aber sind Eigenschaften, die in einem Gespräch mit Napoleon sehr hilfreich sein konnten. Also schlugen die Staatsmänner Friedrich Wilhelm vor, Luise zu Napoleon zu schicken. Friedrich Wilhelm willigte ein. Er bat Luise, sie möge zu Napoleon reisen und ihn etwas gnädiger stimmen. Luise war entsetzt. Erst kurz zuvor hatte sie ihren Mann von Herzen bedauert, als der Napoleon treffen musste. »Nein, das ist zu viel! Ihn sehen, den Quell des Bösen! Die Geißel der Erde! Alles Gemeine und Niederträchtige in einer Person!«, hatte sie ihm geschrieben. Und nun sollte sie selbst dem Quell des Bösen gegenübertreten! Zu allem Überfluss war Luise schwanger, sie erwartete erneut ein Kind. Und gesund fühlte sie sich auch noch nicht.

Trotzdem kam sie. Die Reise dauerte Stunden. Die treue Oberhofmeisterin Voss begleitete sie. In Tilsit, wo sie Napoleon treffen sollte, wurde Luise von den Beratern ihres Mannes erwartet. Zwar wollten sie ja, dass Luise mit Napoleon sprach, aber vorher wollten sie ihr doch gerne noch erklären, was sie dann später sagen sollte. Luise hatte sich besonders schön gemacht: Sie trug ein weißes Kleid, das mit Silberfäden und Perlen bestickt war, dazu Perlenschmuck.

Napoleon war beeindruckt von ihrem Mut und ihrer Schönheit. Was seine eigene Schönheit anging, so war zumindest die Gräfin Voss nicht sehr beeindruckt – sie fand ihn auffallend hässlich, außerdem habe er ein dickes Gesicht. Luise dagegen hatte Schlimmeres erwartet. Sie kam zu dem Urteil, Napoleon könne durchaus liebenswürdig sein. Leider war er nicht liebenswürdig genug, um Preußen etwas milder zu behandeln. Luise konnte nichts ausrichten. Später behauptete Napoleon, er habe gerade überlegt, die Strafen für Preußen zu mildern, da sei Friedrich Wilhelm hereingekommen. Und darüber habe er, Napoleon, sich so geärgert, dass er alle Milde sofort unterdrückt habe. Ob das stimmt, lässt sich heute nicht mehr nachprüfen. Wahr aber ist, dass Luise sich mutig und stark gezeigt hatte, als sie als Königin gebraucht wurde. Und dafür wurde sie vom preußischen Volk geliebt.

Zunächst aber konnte Luise nicht zurück zum preußischen Volk, nicht zurück nach Berlin. Sie fuhr wieder zu ihren Kindern nach Memel. Auch dass Napoleon ihr erlaubte, mit den Kindern ins Königsberger Schloss zu ziehen, milderte das Elend nur wenig. Die Räume des alten Schlosses ließen sich schlecht heizen. Verzweifelte Briefe schrieb Luise. An ihre Geschwister, an ihre beste Freundin Caroline von Berg, an Berater und Vertraute in Berlin. Sie bat um warme Kleider, um Überröcke und Mäntel, ihr sei so entsetzlich kalt. An ihren Bruder Georg ging ein Brief mit der Bitte um Nachtmützen. Es muss also tatsächlich sehr kalt gewesen sein. Luise war so unglücklich wie nie zuvor in ihrem Leben. Als ihr ältester Sohn Friedrich Wilhelm im Oktober 1807 zwölf wurde, schrieb sie ihm: »Unter traurigeren Umständen hast Du noch keinen Geburtstag gefeiert. Preußens Größe ist dahin.«

Die kranke Königin

Damit hatte Luise recht. Preußens Größe war dahin. Es hatte einen schrecklichen Krieg gegeben, viele Menschen waren ums Leben gekommen. Und trotzdem ergab sich in dieser furchtbaren Situation etwas Neues und Gutes: Es gab in Preußen Staatsmänner, die erkannten, dass das Land moderner werden musste. Sie nutzten die Situation. Besonders Karl Freiherr vom Stein und Karl August Fürst von Hardenberg versuchten, das Leben in Preußen zu verbessern. Es gelang den beiden, auch Luise und Friedrich Wilhelm für ihre Ideen einzunehmen. Nun wurden in Preußen die Bauern endlich freie Bürger. Von nun an durfte niemand außer ihnen selbst bestimmen, wo sie wohnten und welchen Beruf ihre Kinder erlernten. In den Städten wählten die Bürger Verwaltungen. Auch die Schulen wurden verbessert. Aber natürlich ging das alles nicht von heute auf morgen. Es dauerte. Manche Veränderungen brauchten Jahre, bis sie sich wirklich durchgesetzt hatten. Aber am Ende war Preußen ein Land, in dem die Menschen viel mehr mitbestimmen durften als früher – und das war gut.

Luise und ihre Familie kehrten 1809 nach Berlin zurück, Napoleon hatte es erlaubt. Viele Berliner begrüßten sie jubelnd, auch wenn ihnen nicht unbedingt nach Jubeln zumute war. Das Land war verarmt und das Volk litt.

Luise war glücklich wieder in Berlin zu sein, wenn sie auch immer noch reichlich Sorgen hatte, die sie quälten. Um sie aufzumuntern, gab Friedrich Wilhelm an ihrem 34. Geburtstag einen Ball. Im weißen Saal des Berliner Schlosses wurde im Licht unzählig vieler Kerzen gefeiert und getanzt. Luise tanzte mit, sie nahm Gedichte entgegen, die für sie geschrieben worden waren, sie bewunderte die Geschenke. Aber so richtig gut ging es ihr nicht. Nach ihrer schweren Krankheit auf der Flucht war sie nie mehr wirklich gesund geworden.

Königin Luise mit ihren Söhnen.

Doch dann stand auf einmal ein Ereignis ins Haus, das ihre Stimmung schlagartig veränderte: Luise wollte ihren Vater und die Großmutter in Neustrelitz besuchen! »Ich bin tull und varucky!«, schrieb sie ihrem Vater, »eben hat mir der gute, liebevolle König die Erlaubnis gegeben, zu Ihnen zu kommen, bester Vater!« So war es damals: Luise konnte nicht einfach abfahren, der König musste seine Erlaubnis geben, was er, wenn es um Luise ging, immer gerne tat. Vor Freude schwitze sie wie ein Braten, behauptete Luise. Und fuhr nach Neustrelitz. Die Reise war beschwerlich, es war heiß, Staub und Sand drangen durch die Ritzen in die Kutsche. Ihr Vater, ihre zwei Brüder und Friederike kamen ihr entgegen und bestimmt schwitzten sie dann alle wie Braten – vor Freude und vor Hitze.

Friedrich Wilhelm kam ein paar Tage später nach und dann wurde

Der Dichter Heinrich von Kleist schrieb über Luise: »Du bist der Stern, der voller Pracht erst flimmert, wenn er durch finstre Wetterwolken bricht!«

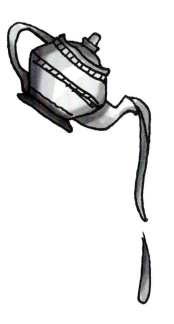

es richtig schön: Luise führte ihn herum, ging mit ihm spazieren, es gab Tee im Rosengarten und ein Picknick auf der Schlosswiese. Beide waren so glücklich wie lange nicht mehr. Als Luise an einem Schreibtisch vorbeikam, schrieb sie fröhlich auf einen Bogen Briefpapier: »Mein lieber Vater, ich bin sehr glücklich heute als Ihre Tochter und als Frau des allerbesten Ehemannes.«

Aber dann musste ein geplanter Ausflug nach Rheinsberg ausfallen: Luise war krank geworden. Friedrich Wilhelm blieb nichts anderes übrig, als allein nach Berlin zurückzufahren. Luise sollte sich bei ihrem Vater erholen. Nur leider erholte sie sich nicht. Ihr Vater ließ Ärzte kommen. Luise ging es trotzdem immer schlechter. Schließlich schickte der Vater einen Boten nach Berlin, der Friedrich Wilhelm holen sollte. Der eilte herbei, verzweifelt, außer sich, fast verrückt vor Sorge. Luise konnte noch mit ihm sprechen. Die beiden ältesten Söhne saßen am Bett ihrer Mutter. Aber weder Friedrich Wilhelm noch einer der Ärzte konnten Luise helfen. Friedrich Wilhelm hielt ihre Hände,

als sie am 19. Juli 1810 im Haus ihres Vaters starb. Sie war nur 34 Jahre alt geworden.

Viele Tausende von Menschen trauerten um Königin Luise. Friedrich Wilhelm ließ ein wunderschönes Grab im Garten des Charlottenburger Schlosses errichten. Als Mensch ist Luise immer eine Märchenprinzessin geblieben: Engelschön und herzensgut. Als Königin hat sie die Welt zwar nicht verändert, aber sie hat die Herzen vieler, vieler Menschen erreicht – und das tut sie heute noch.

Impressum

Schupelius, Gunnar und Magdalena:
Preußens Prinzessin – Die wahre Lebensgeschichte der Königin Luise
1. Auflage der Neuauflage – Berlin: Berlin Story Verlag 2012
ISBN 978-3-86368-093-0

Alle Rechte vorbehalten.

© Alles über Berlin GmbH
Unter den Linden 40, 10117 Berlin
Tel.: (030) 20 91 17 80
Fax: (030) 69 20 40 059
www.BerlinStory-Verlag.de, E-Mail: Service@AllesueberBerlin.com
Illustrationen: Beate Bittner
Umschlag und Satz: Norman Bösch

Bildnachweis:

Berlin Story Verlag: Backcover, 30, 33, 36, 37, 43, 51; Math. Lempertz GmbH/Brandenburgisches Verlagshaus, www.edition-lempertz.de: Karte Innenklappe hinten; Museum Neustrelitz: 4; Stadtarchiv Mainz, BPS/6591A: 22; Stiftung Preußische Schlösser und Gärten | Eigentum des Haus Hohenzollern | Roland Handrick: Innenklappe hinten 2.v.u., 44; Stiftung Preußische Schlösser und Gärten | Eigentum des Haus Hohenzollern | Jörg P. Anders: Innenklappe vorne m., 2, 24l., 40; Stiftung Preußische Schlösser und Gärten | Jörg P. Anders: Frontcover, Innenklappe vorne o., 7, 24r., 31; Wikimedia Commons (Axel Mauruszat | unter der Lizenz Creative Commons 2.0 [http://creativecommons.org/licenses/by/2.0/de]): 61; Wikimedia Commons (Manfred Brückels | unter der Lizenz Creative Commons 3.0 [http://creativecommons.org/licenses/by/3.0/de]): Innenklappe hinten o.; Wikimedia Commons (Manfred Brückels | unter der Lizenz Creative Commons 3.0 [http://creativecommons.org/licenses/by/3.0/de]): Innenklappe hinten m.; Wikimedia Commons (public domain): Innenklappe hinten 2.v.o., u., 10, 14, 19, 21, 27, 41, 48, 60

WWW.BERLINSTORY-VERLAG.DE